Descubre el español con **Santillana** C

CUADERNO DE PRÁCTICA

SANTILLANA USA

Descubre el español con Santillana
Cuaderno de práctica Level C
ISBN-13: 978-1-61605-603-2
ISBN-10: 161605-603-7

Editorial Staff
Contributing Writers: Dina Rivera and Sandra Angulo
Senior Project Editor: Patricia Acosta
Developmental Editors: Jennifer Carlson and Andrea Sánchez
Editorial Director: Mario Castro
Design Manager: Mónica R. Candelas Torres
Head Designer: Francisco Flores
Design and Layout: Salvador Hernández
Image and Photo Research Editor: Mónica Delgado de Patrucco
Cover Design and Layout: Studio Montage

Acknowledgments:
Illustrations: Marcela Gómez • A corazón abierto

2 3 4 5 6 7 8 9 PP 24 23 22 21 20 19

Published in the United States of America.

Unidad 1
Nos conocemos

Unidad 2
¿Cómo vivimos?

Unidad 3
Vamos a aprender

Unidad 4
Los animales

Índice

Unidad 5
Nos cuidamos

Unidad 6
Nuestro ambiente

Unidad 7
¿Cómo funciona?

Unidad 8
Nuestras celebraciones

Nombre _____ Fecha _____

● Busca las palabras. Encierra las palabras en un círculo.

buenos días	hasta luego	pirámide	gracias
adiós	hola	niño	niña

```
s  g  h  i  n  n  d  b  n  n
c  s  a  c  e  g  p  d  i  e
s  n  s  a  u  r  i  l  ñ  d
a  i  t  u  a  a  r  o  o  a
a  ñ  a  u  u  c  á  o  n  d
i  a  l  l  u  i  m  i  n  i
u  a  u  l  l  a  i  a  s  ó
b  u  e  n  o  s  d  í  a  s
s  á  g  a  ó  o  e  a  á  b
o  n  o  o  á  h  o  l  a  n
```

Nombre _____ Fecha _____

A. Escribe *primero, después* y *por último.*

_____

_____

_____

B. Escribe los saludos y las despedidas.

¿Cómo estás?	Hasta luego.	Nos vemos.
¿Qué tal?	¡Hola!	¡Adiós!

Saludos	Despedidas
¿Cómo estás?	

Nombre _____ Fecha _____

A. Escribe *Buenos días, Buenas tardes* o *Buenas noches*.

¡___Buenos días___!

¡_____!

¡_____!

¡_____!

B. Escribe *señor* o *señora*.

Buenos días,

_____.

Buenas tardes,

_____.

Nombre _____ Fecha _____

▶ Lee las pistas. Completa el crucigrama.

hermano   hermana   familia   abuelo   abuela
piñata   tacos   mamá   papá

1. La _____ está llena de dulces.

2. Anna y Charlie visitan México con su papá y su _____.

3. La _____ y el abuelo decoran el pastel.

4. La _____ y el hermano de Tomás decoran la piñata.

5. El _____ prepara los tacos.

6. El _____ prepara un pastel para Tomás.

7. El _____ de Tomás prepara la piñata.

8. La mamá, el papá, los hermanos, las hermanas y los abuelos son

_____.

9. ¡Los _____ son deliciosos!

Nombre _____ Fecha _____

● Mira los dibujos. Escribe los nombres.

unicornio   oso   iguana   estrella   abeja

_____OSO_____   _____   _____

_____   _____

B. Escribe los nombres de cada dibujo.

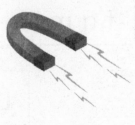

a_buela_   e_____   i_____

o_____   u_____

Nombre _____ Fecha _____

A. Une.

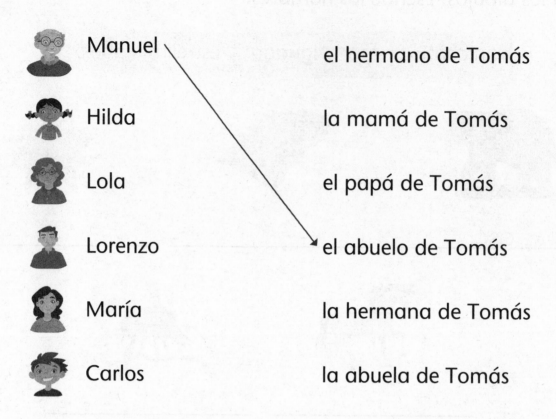

Manuel — — — — — — — el hermano de Tomás

Hilda   la mamá de Tomás

Lola   el papá de Tomás

Lorenzo   el abuelo de Tomás

María   la hermana de Tomás

Carlos   la abuela de Tomás

B. Lee las palabras. Encierra en un círculo las vocales.

familia	abuela	hermana

Lorenzo	Diana

C. Escribe una palabra que empiece con…

a_____ o_____

e_____ u_____

i_____

Nombre _____ Fecha _____

● Lee las pistas. Escribe las palabras.

> Mucho gusto   hermana   hermano
> parque   amigo   llama

1. Charlie es __hermano__ de Anna.
   maherno

2. Charlie es _____ de Tomás.
   mgaio

3. La hermana se _____ Hilda.
   almal

● 4. Hilda es _____ de Tomás.
   hreanma

5. _____, Hilda. Yo me llamo Charlie.
   cMouh sotug

6. Anna y Charlie visitan el _____.
   qarupe

B. Completa las oraciones.

1. Mi amigo se llama _____.

2. Yo me llamo _____.

● 3. Mi amigo y yo visitamos _____.

A. Corrige las oraciones.

1. Cómo te llamas

    _____

2. Yo me llamo Cristina

    _____

3. Y tú

    _____

4. Mucho gusto, Cristina

    _____

B. Corrige las oraciones.

1. yo soy Juan.

    Yo soy Juan.

2. anna es hermana de Charlie.

    _____

3. ¿cómo se llama tu amigo?

    _____

4. ¿es Charlie amigo de Tomás?

    _____

Nombre _____ Fecha _____

 Encierra en un círculo las palabras que son similares en inglés y en español.

1. niño
2. (iguana)
3. adiós
4. niña
5. accidente
6. pirámide
7. parque
8. amigo
9. familia
10. hermana

 Encierra en un círculo la oración correcta.

1. Es él tu hermano

   (¿Es él tu hermano?)

2. Los niños visitan las pirámides.

   Los niños visitan las pirámides?

3. Ella es mi hermana.

   Ella es mi hermana?

4. ¿Cómo te llamas?

   Cómo te llamas.

▶ Busca las palabras. Encierra las palabras en un círculo.

| comunidad | deliciosa | divertido | pequeña |
| hermoso | ciudad | grande | bueno |

s g h i b n d b s p

c r a c u g p d c e

s a s a e r i l i q

a n t u n a r o u u

a d a u o c á o d e

d e l i c i o s a ñ

u a u l l a i a d a

h e r m o s o í a s

s d i v e r t i d o

c o m u n i d a d n

Nombre _____ Fecha _____

Yo soy Anna.   Tú eres Charlie.   Ella es Hilda.

Nosotros somos   Ustedes son amigos. Ellos son mexicanos.
hermanos.

A. Escoge. Completa las oraciones.

soy   eres   somos   es   son

1. María _____es_____ mi amiga.

2. Nosotros _____ inteligentes.

3. Tú _____ mexicano.

4. Anna y Charlie _____ hermana y hermano.

5. Yo _____ una niña.

B. Encierra en un círculo la palabra correcta.

1. Los estudiantes son (divertida / inteligentes).

2. Mi amiga es (mexicano / buena).

3. La comida es (deliciosa / tímida).

4. Nosotros somos (curiosos / deliciosa).

5. Yo soy (inteligente / divertidas).

A. Escribe *grande* o *pequeña*.

_____grande_____

_____

_____

_____

B. Completa.

Correo Electrónico

De: tomás@micomunidad.com

Para: anna@micasa.com   Asunto: _____

Enviar

Verdana ▾ 10 ▾ N K S

Mis carpetas

Bandeja de entrada

Bandeja de salida

Elementos enviados

Elementos eliminados

Correo no deseado

Hola, Tomás:

Yo soy _____ .

Mi mamá es _____ . Mi papá es _____ .

¿Es tu familia grande o pequeña?

Mi familia es _____ .

Adiós,

_____

Nombre _____ Fecha _____

● Escoge. Encierra en un círculo la opción correcta.

1. Saluda a un amigo.

   a. ¡Adiós!

   b. ¡Amigo!

   c. ¡Hola!

   d. ¡Hasta luego!

2. Despídete de un amigo.

   a. ¡Amigo!

   b. ¡Adiós!

   c. ¡Hola!

   d. ¡Buenos días!

3. La mamá y la abuela son _____.

   a. familia

   b. hermanos

   c. papá

   d. amiga

4. Los abuelos _____ un pastel.

   a. visitan

   b. preparan

   c. saludan

   d. son

5. María y Juan _____ mis amigos.
   a. es
   b. son
   c. eres
   d. son

6. Las fiestas son _____.
   a. mexicanos
   b. tímidos
   c. divertidas
   d. amigas

7. La comida es _____.
   a. alegre
   b. inteligente
   c. deliciosa
   d. curiosa

8. Escoge la oración correcta.
   a. ¿Cómo te llamas?
   b. Cómo te llamas
   c. Cómo te llamas?
   d. cómo te llamas.

Descubre el español con santillana C · © santillana USA

Nombre _____ Fecha _____

● Lee las pistas. Completa el crucigrama.

> bienvenidos   hermosa   visitan   están
> comedor   ciudad   cocina   casa

1. Anna y Charlie están en la _____.

2. La casa de Camila es _____.

3. Camila vive en la _____.

4. Anna y Charlie _____ a Camila.

5. Camila dice "¡_____!" a sus amigos.

6. ¿Dónde _____ Anna y Charlie?

7. La mamá de Camila está en el _____.

8. Camila vive en una _____ blanca.

¡Bienvenidos!

5. b i e n v e n i d o s

Nombre _____ Fecha _____

A. Escoge la opción correcta.

¡Adiós! ¡Hasta luego!

☐ Primero
☐ Después
☒ Por último

¡Hola! ¡Bienvenido!

☐ Primero
☐ Después
☐ Por último

☐ Primero
☐ Después
☐ Por último

B. Escribe los nombres de los lugares de la casa.

baño   dormitorio   comedor   sala

1. el <u>comedor</u>

2. la _____

3. el _____

4. el _____

Nombre _____ Fecha _____

● Completa las oraciones.

| La mamá | Las niñas | El niño | Los niños |

1. <u>La mamá</u> está en la sala.

2. _____ están en la cocina.

3. _____ está en el baño.

4. _____ están en el dormitorio.

B. Dibuja los lugares de tu casa. Escribe *cocina, comedor, sala, dormitorio* y *baño*.

▶ Busca las palabras. Encierra las palabras en un círculo.

pantalón	amarillo	compra	tienda
camisa	verde	ropa	azul

```
p   g   c   i   t   n   d   b   s   n
a   m   a   r   i   l   l   o   r   e
n   a   m   o   e   r   i   l   c   d
t   z   i   p   n   a   r   o   o   a
a   u   s   a   d   c   á   o   m   d
l   l   a   l   a   i   m   i   p   i
ó   a   u   l   l   a   i   a   r   ó
n   u   e   n   o   s   t   í   a   s
s   á   g   a   ó   o   e   a   á   b
o   n   v   e   r   d   e   s   n   n
```

Nombre _____ Fecha _____

● Lee las palabras. Encierra en un círculo las vocales.

 a m a r i l l o	b l a n c o	v e r d e
n e g r o	r o j o	a z u l

B. Lee las instrucciones. Colorea.

1. Colorea la falda de rojo.
● 2. Colorea el vestido de verde.
3. Colorea el pantalón de blanco.
4. Colorea la blusa de amarillo.
5. Colorea la camisa de azul.
6. Colorea los zapatos de negro.

C. Mira los dibujos. Escribe los nombres.

f _alda_____   p_____

v_____   z_____

A. Encierra en un círculo la frase correcta.

	una falda (dos faldas) tres faldas
	dos vestidos tres vestidos cuatro vestidos
	una camisa dos camisas tres camisas
	dos zapatos tres zapatos cuatro zapatos

B. Escribe.

En la tienda yo compro...

dos camisas

_____

_____

_____

Nombre _____ Fecha _____

Lee las pistas. Escribe las palabras.

trabajadores	vendedora	comunidad
panadero	mercado	policía

1. Muchas personas trabajan en mi __comunidad__ .
   dunomadic

2. Ellos son _____ .
   jarasetbodra

3. Nora es _____ de frutas.
   dnevordae

4. Ella trabaja en el _____ .
   dreacmo

5. Ramón es _____ .
   íploaci

6. El señor prepara pan. Él es _____ .
   erpanoad

Nombre _____ Fecha _____

A. Completa la tabla.

| panadero | vendedora | panadería | mercado |
| maestra | escuela | policía | comunidad |

¿Quién es?	¿Dónde trabaja?
panadero	

B. Escoge. Completa las oraciones.

1.
¿(Quién)/ Dónde) es él?
Él es el ___panadero___.

2.
¿(Quién / Dónde) trabaja ella?
Ella trabaja en la _____.

3.
¿(Quién / Dónde) es él?
Él es el _____.

4.
¿(Quién / Dónde) trabaja él?
Él trabaja en la _____.

Nombre _____ Fecha _____

A. Completa el mensaje.

¡Hola! Yo soy _____.

Yo vivo en _____.

Mi trabajador favorito de la comunidad es

_____ y trabaja en _____.

B. Encierra en un círculo las palabras que son similares en inglés y en español.

1. (favorito)
2. trabajador
3. frutas
4. comunidad
5. vendedor
6. mercado
7. zapatos
8. blusa
9. preparo
10. policía

▶ Lee las pistas. Completa el crucigrama.

> supermercado   heladería   hospital   museo
>
> plaza   calle   mapa

1. El 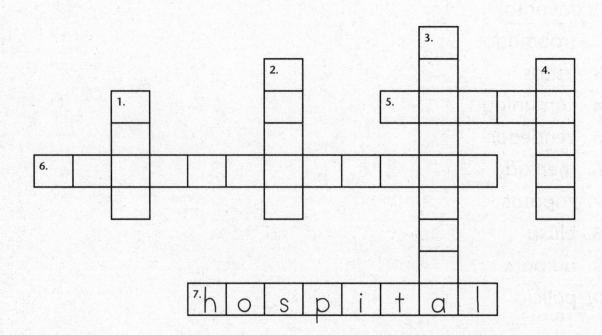 muestra dónde están los lugares de la comunidad.

2. El 🦖 está a la derecha de la plaza.

3. La 🍦 está a la izquierda de la plaza.

4. La 🛤️ principal es muy grande.

5. Camila y su mamá van a la 🟫.

6. El 🛒 está a la izquierda de la plaza.

7. El ➕ está a la derecha de la plaza.

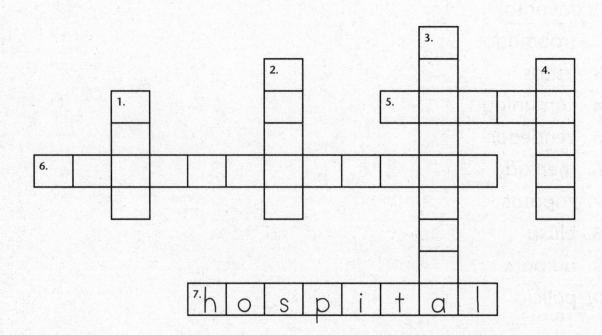

7. h o s p i t a l

Nombre _____ Fecha _____

Yo voy a la escuela.

Tú vas a la heladería.

Él va a la casa.

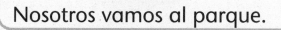
Nosotros vamos al parque.

Ellos van al museo.

A. Completa las oraciones.

1. Nosotros ___vamos___ a la plaza.

2. Camila _____ a la heladería.

3. Tú _____ al supermercado.

4. Ellos _____ a la escuela.

5. Yo _____ al museo.

6. Él _____ a la tienda.

B. Escoge. Completa las oraciones.

| estoy | estás | está | estamos | están |

1. Laura ___está___ en el parque.

2. Nosotros _____ en la escuela.

3. Yo _____ en la tienda.

4. Tú _____ en el hospital.

5. Las niñas _____ en la panadería.

Nombre _____ Fecha _____

A. Lee las pistas. Dibuja.

1. Carmen y Delia están en el parque. Dibújalas.
2. La maestra está a la derecha de la escuela. Dibújala.
3. Jaime va la escuela. Dibújalo.
4. Luisa y Carlos van la tienda de ropa. Dibújalos.
5. La mamá de Jaime está a la izquierda de la casa. Dibújala.

B. Observa el mapa. Contesta las preguntas.

1. ¿Dónde está el parque?

   El parque está a la izquierda de la escuela.

2. ¿Dónde está la tienda de ropa?

   _____

3. ¿Dónde está la escuela?

   _____

Nombre _____ Fecha _____

● Escoge. Encierra en un círculo la opción correcta.

1. Camila está en...
   a. la sala.
   b. la cocina.
   c. el baño.
   d. el comedor.

2. _____ están en el comedor.
   a. La niña
   b. El niño
   c. Las niñas
   d. Los niños

● 3. Ésto es...
   a. una camisa.
   b. una falda.
   c. un pantalón.
   d. un vestido.

4. Son...
   a. una camisa.
   b. tres camisas.
   c. dos camisas.
   d. cuatro camisas.

●

5. ¿Dónde trabaja la vendedora de frutas?

   a. Ella trabaja en la escuela.

   b. Ella trabaja en el mercado.

   c. Ella trabaja en el hospital.

   d. Ella trabaja en la casa.

6. ¿Quién es él?

   a. Él es el panadero.

   b. Él es el maestro.

   c. Él es el policía.

   d. Él es el vendedor.

7. Tú _____ al mercado.

   a. voy

   b. vamos

   c. van

   d. vas

8. Yo _____ en la casa.

   a. estás

   b. estoy

   c. están

   d. está

Nombre _____ Fecha _____

● Busca las palabras. Encierra las palabras en un círculo.

estudiante   cuaderno   crayones   maestra
escuela   clase   libro   lápiz

```
e  c  l  a  s  e  i  d  y  l
l  r  s  o  s  r  m  c  u  á
t  a  w  s  z  a  a  u  d  p
e  y  s  n  s  s  e  a  i  i
s  o  c  t  c  n  s  d  a  z
c  n  t  r  r  a  t  e  s  c
u  e  e  r  i  t  r  r  e  a
e  s  t  u  d  i  a  n  t  e
l  i  r  f  o  r  a  o  r  u
a  s  l  i  b  r  o  c  y  a
```

Nombre _____ Fecha _____

A. Escribe *lápiz, cuaderno* o *crayones*.

En la clase de arte Juan usa...

1. un 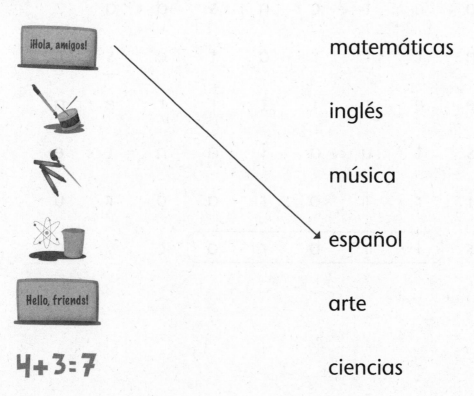 _____cuaderno_____   2. un _____

3. unos _____

B. Encierra en un círculo la palabra correcta.

1. La maestra enseña a los estudiantes a (pintar)/ arte).
2. Juan usa (crayones / maestra) para pintar.
3. Los niños están en la clase de (arte / cuaderno).
4. Juan usa un (cuaderno / arte) en la clase.

C. Une.

iHola, amigos!   matemáticas

                                  inglés

                                  música

                                  español

Hello, friends!   arte

4+3=7   ciencias

Nombre _____ Fecha _____

⬤ Encierra en un círculo la palabra correcta.

1. hola   Yo aprendo a (escribir / lápiz).

2.   Yo aprendo a (jugar / pelota) fútbol.

3.   Yo aprendo a (música / tocar) la marimba.

4.   Yo aprendo a (libro / leer).

⬤ Escoge. Completa las oraciones.

música	cuadernos
español	libros
arte	un lápiz
ciencias	crayones
matemáticas	una marimba

1. En la clase de ___español___ yo uso _____.
2. En la clase de _____ Juan usa _____.
3. En la clase de _____ los niños usan _____.

⬤

Nombre _____ Fecha _____

A. Lee las pistas. Escribe las palabras.

| cafetería | salón | patio |
| gimnasio | reglas | clases |

1. Éstas son las ____reglas____ de mi escuela.
   lergsa

2. Los estudiantes deben comer en la _____.
   factíreae

3. Los estudiantes deben jugar en el _____.
   otapi

4. Los estudiantes no deben correr en
   el _____ de _____.
   lsóna   lesacs

5. Los estudiantes no deben comer en el _____.
   ominisag

B. Responde *sí* o *no*.

1. ¿Deben los estudiantes estudiar en el salón de clases? _____

2. ¿Deben los estudiantes comer en el salón de clases? _____

3. ¿Deben los estudiantes correr en la cafetería? _____

Nombre _____ Fecha _____

A. Clasifica.

| comunidad | camisa | cafetería | comedor | cuchara |
| comida | calle | cocina | comer | casa |

ca	co	cu
casa		

B. Mira los dibujos. Escribe los nombres.

1. _____ comida _____

2. _____

3. _____

4. _____

5. _____

Nombre _____ Fecha _____

A. Completa las oraciones.

> estudiar   escribir   comer   correr   jugar   leer

1. Los estudiantes deben ___escribir___ en el salón de clases.

2. Los estudiantes deben _____ en la cafetería.

3. Los estudiantes deben _____ en el patio.

4. Los estudiantes deben _____ en el salón de clases.

5. Los estudiantes deben _____ en el gimnasio.

6. Los estudiantes deben _____ en el salón de clases.

B. Encierra en un círculo la palabra correcta.

1.  La familia come (dentro)/ fuera) de la casa.

2.  Los niños juegan (dentro / fuera) de la escuela.

3.  Las niñas aprenden a pintar (dentro / fuera) del salón de clases.

4.  El niño corre (dentro / fuera) de la casa.

Descubre el español con Santillana C © Santillana USA

Nombre _____ Fecha _____

⬤ Lee las pistas. Completa el crucigrama.

domingo   lunes   martes   miércoles   jueves   viernes   sábado

1. El _____ está entre el sábado y el lunes.

2. El _____ está entre el viernes y el domingo.

3. El _____ está entre el jueves y el sábado.

4. El _____ está entre el lunes y el miércoles.

5. El _____ está entre el martes y el jueves.

6. El _____ está entre el domingo y el martes.

7. El _____ está entre el miércoles y el viernes.

Nombre _____ Fecha _____

domingo	lunes	martes	miércoles
Mi familia y yo vamos a la playa.	Voy a mi clase de música.	Juego fútbol.	Voy a mi clase de música.

jueves	viernes	sábado
Juego fútbol.	Juego en la casa.	Juego fútbol.

A. Responde las preguntas.

1. ¿Qué día juego en la casa? _____ viernes _____

2. ¿Qué día voy a la playa? _____

3. ¿Qué días voy a mi clase de música? _____

4. ¿Qué días juego fútbol? _____

B. Completa las oraciones sobre tus actividades de la semana.

1. El lunes yo _____.

2. El sábado yo _____.

C. Escoge. Completa las oraciones.

divertida   divertido   aburrida   aburrido   difícil   fácil

1. Jugar fútbol es _____.

2. La clase de español es _____.

3. Pintar con crayones es _____.

Nombre _____ Fecha _____

● Lee. Completa las oraciones.

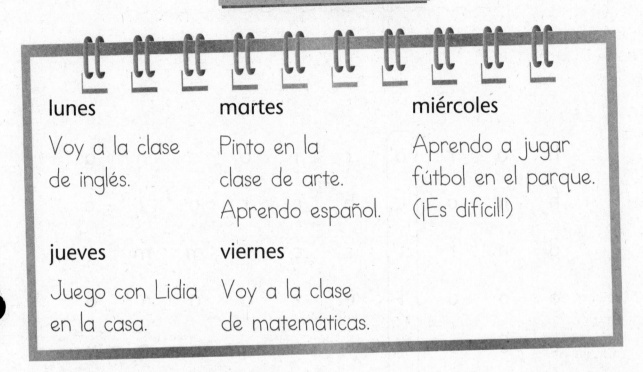

Las actividades de
la semana de Alicia

lunes

Voy a la clase
de inglés.

martes

Pinto en la
clase de arte.
Aprendo español.

miércoles

Aprendo a jugar
fútbol en el parque.
(¡Es difícil!)

jueves

Juego con Lidia
en la casa.

viernes

Voy a la clase
de matemáticas.

1. Alicia aprende español el _____.

2. Alicia aprende matemáticas el _____.

3. Alicia va al parque el _____.

4. Alicia juega con Lidia el _____.

B. Escoge. Encierra en un círculo la forma correcta.

1. Alicia aprende inglés el (Lunes / (lunes)).

2. (El / el) miércoles Alicia juega fútbol.

3. El (Martes / martes) Alicia va a la clase de arte.

4. ¡(Jugar / jugar) fútbol es difícil!

Nombre _____ Fecha _____

▶ Busca las palabras. Encierra las palabras en un círculo.

> actividad   mañana   horario   cuatro
> noche   tarde   diez   vamos

h	o	r	a	r	i	o	d	n	a
h	n	o	c	h	e	t	o	i	c
d	n	r	t	s	c	v	m	m	l
o	o	d	i	e	z	a	a	i	o
c	e	o	v	i	r	a	ñ	n	v
u	m	c	i	d	t	r	a	a	a
a	r	t	d	a	a	y	n	r	m
t	z	f	a	q	r	p	a	r	o
r	s	ñ	d	e	d	o	v	c	s
o	d	o	i	q	e	a	s	o	n

Nombre _____ Fecha _____

A. Lee la hora. Escribe el número.

1. `3:00` las tres

4. `:00` las diez

2. `:00` las seis

5. `:00` las nueve

3. `:00` las doce

6. `:00` la una

B. Completa las oraciones. Escribe *Es* o *Son*.

1. _Son_ las dos.

3. _____ las seis.

2. _____ las once.

4. _____ la una.

C. Mira los dibujos. Completa las oraciones.

| de la mañana   de la tarde   de la noche |

1.  Son las once ___de la mañana___.

2.  Son las cuatro _____.

3.  Son las siete _____.

Nombre _____ Fecha _____

A. Completa las oraciones.

vamos   voy   van   vas   va

1. A las ocho de la mañana, él _____va_____ a jugar fútbol.

2. A las diez de la mañana, ellas _____ a tocar la marimba.

3. A las once de la mañana, yo _____ a pintar.

4. A las cuatro de la tarde, nosotros _____ a jugar béisbol.

5. A las cinco de la tarde, tú _____ a tocar la guitarra.

6. A las siete de la noche, Clara _____ a leer.

B. Lee las oraciones del ejercicio A. Escribe las horas de las actividades en el dibujo.

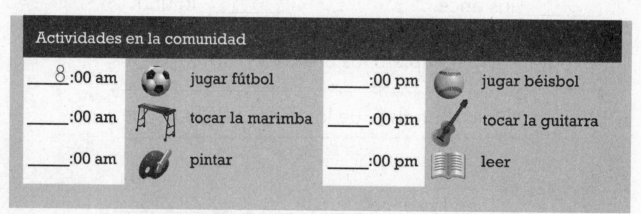

Actividades en la comunidad

___8_:00 am   jugar fútbol   _____:00 pm   jugar béisbol

_____:00 am   tocar la marimba   _____:00 pm   tocar la guitarra

_____:00 am   pintar   _____:00 pm   leer

C. Completa las oraciones sobre tus actividades.

1. A las ocho de la mañana, yo voy a _____.

2. A las cinco de la tarde, yo voy a _____.

Nombre _____ Fecha _____

● Escoge. Encierra en un círculo la opción correcta.

1. En la clase de arte yo uso un...

   a. estudiante.

   b. escuela.

   c. lápiz.

   d. arte.

2. En la clase de arte yo _____ a pintar.

   a. aprende

   b. enseña

   c. jugar

   d. aprendo

● 3. empieza con *cu*...

   a. cocina

   b. cuchara

   c. camisa

   d. crayones

4. Los estudiantes deben _____ en el salón de clases.

   a. estudiar

   b. comer

   c. correr

   d. jugar fútbol

Descubre el español con Santillana C © Santillana USA

5. El _____ yo voy a pintar.

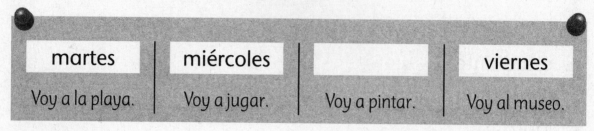

martes	miércoles		viernes
Voy a la playa.	Voy a jugar.	Voy a pintar.	Voy al museo.

   a. lunes

   b. sábado

   c. jueves

   d. domingo

6. El _____ Carlos va al parque.

   a. martes

   b. Martes

   c. MArtes

   d. marteS

7. a. Son las dos de la tarde.

   b. Son las once de la mañana.

   c. Es la una de la tarde.

   d. Son la una de la tarde.

8. Ellos _____ a jugar béisbol a las tres de la tarde.

   a. van

   b. voy

   c. va

   d. vamos

Nombre _____ Fecha _____

● Busca las palabras. Encierra las palabras en un círculo.

mascotas   pequeño   grande   perro
gato   marrón   loro   pez

l r g a t o n e n a
p e r e t l q n o c
e m a s c o t a s o
q a n a m r r p m t
e p d ñ g o p e a o
n e e o o g o r r m
o z g a e z p r r a
r p e q u e ñ o ó s
p e r r a n o g n t
g a n d e ñ o t a s

Nombre _____ Fecha _____

A. Une.

rana

loro

pez

conejo

B. Escoge las oraciones correctas.

☒ El gato es suave.

☐ El gato es grande.

☒ El gato es pequeño.

☐ El perro es pequeño.

☐ El perro es grande.

☐ El perro es suave.

☐ La tortuga es dura.

☐ La tortuga es suave.

☐ La tortuga es pequeña.

Nombre _____ Fecha _____

● ¿Cómo son? Encierra en un círculo la palabra correcta.

1. La tortuga es...

rápida / (lenta).

2. La llama es...

grande / pequeña.

3. El mono es...

rápido / lento.

4. El pingüino es...

grande / pequeño.

B. Clasifica.

| el pingüino | el elefante | el hámster |
| la llama | el perro | el gato |

Son mascotas	No son mascotas
	el pingüino

Nombre _____ Fecha _____

A. Lee las pistas. Escribe las palabras.

> pájaro   plumas   orejas
> patas   cola   alas

1. Mi perro tiene una ___cola___ .
   aclo

2. La gallina tiene _____ .
   mluasp

3. El perro tiene cuatro _____ .
   staap

4. Mi mascota es un _____ .
   joaráp

5. Mi conejo tiene dos _____ .
   rejosa

6. La gallina tiene dos _____ .
   lsaa

B. Completa.

1. La tortuga tiene ___cuatro___ patas.

2. El loro tiene _____ patas.

3. La llama tiene _____ patas.

Nombre _____ Fecha _____

 Escribe las partes de los animales.

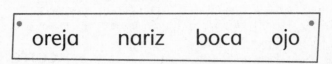
oreja   nariz   boca   ojo

1.

__oreja__

2.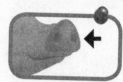

_____

3.

_____

4.

_____

B. Identifica y escribe las partes de los animales.

plumas   oreja   patas   ala   pelo   cola

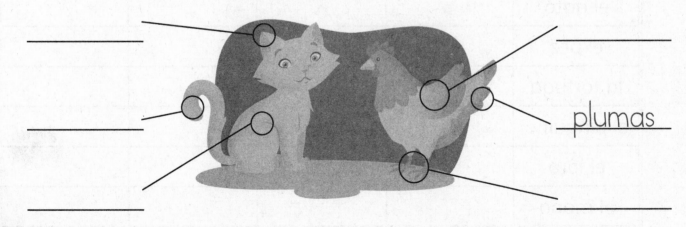

_____

_____

_____

__plumas__

_____

Nombre _____ Fecha _____

A. Une.

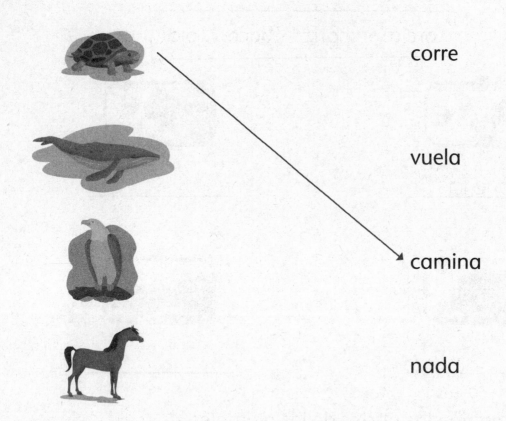

corre

vuela

camina

nada

B. Identifica cómo se mueven los animales.

	nada	camina	vuela	corre
el gato		X		X
el pez				
la tortuga				
el pingüino				
el loro				
el mono				
el elefante				

Nombre _____ Fecha _____

● Busca las palabras. Encierra las palabras en un círculo.

| alimentos | semillas | plantas | pescado |
| comen | pasto | carne | vaca |

p e s c a d o d a p

a m t c o a i r l a

j p l a n t a s i t

o a n r v c a e m o

e s e n a m a v e l

t t a e (c o m e n) a

a o l s a a l r t n

o o d p a o p m o t

n s e m i l l a s a

a m l i n v c a a s

Nombre _____ Fecha _____

A. Encierra en un círculo la respuesta correcta.

1. ¿Qué come la vaca?

   La vaca come carne.

   (La vaca come pasto.)

3. ¿Qué come el gato?

   El gato come pescado.

   El gato come semillas.

2. ¿Qué come el conejo?

   El conejo come verduras.

   El conejo come carne.

4. ¿Qué come el loro?

   El loro come semillas.

   El loro come pescado.

5. ¿Qué come el pingüino?

   El pingüino come pasto.

   El pingüino come pescado.

B. Escribe *información*, *pregunta* o *exclamación*.

1. ¿Qué come el hámster? _____pregunta_____

   El hámster come semillas. _____

2. Mi gato come pescado. _____

   ¡Qué rico es el pescado! _____

3. ¿Come tu perro carne? _____

   ¡Mi perro come mucha carne! _____

4. El loro come semillas. _____

   ¡Las semillas son sabrosas! _____

Nombre _____ Fecha _____

● Escribe el nombre de los animales.

| el cocodrilo   el pingüino   la culebra   el delfín   el tucán |

1.

2.

3.

___el tucán___   _____   _____

4.

5.

●

_____   _____

B. Encierra en un círculo los animales salvajes.

(el elefante)   el perro   el mono   el hámster   la vaca

C. Escribe y dibuja.

Mi animal favorito es

_____.

Mi animal favorito come

_____.

●

Nombre _____ Fecha _____

▶ Lee las pistas. Completa el crucigrama.

| videojuego |
| divertido |
| mueven |
| enseño |
| peces |
| nada |
| agua |

1. ¡Mira cómo se _____ los peces!

2. ¿Te _____ a jugar?

3. El pez se mueve en el _____.

4. Este videojuego es muy _____.

5. El pez _____.

6. Vamos a poner los _____ en el agua.

7. Este es mi nuevo _____ de peces.

Nombre _____ Fecha _____

 A. Escoge. Completa las oraciones.

> movemos   mueven   mueves   mueve   muevo

1.  Tú te <u>mueves</u> _____.

2. Ellos se _____.

3. Yo me _____.

4. Ella se _____.

5. Nosotros nos _____.

B. Encierra en un círculo la palabra correcta.

1. El delfín se mueve (rápidamente / lentamente).

2. La tortuga se mueve (rápidamente / lentamente).

3. El mono se mueve (rápidamente / lentamente).

4. La vaca se mueve (rápidamente / lentamente).

5. El caracol se mueve (rápidamente / lentamente).

6. El pájaro se mueve (rápidamente / lentamente).

Nombre _____ Fecha _____

A. Mira los dibujos. Contesta las preguntas.

1.

   ¿Qué animal es? ___un perro___

   ¿Es grande o pequeño? _____

   ¿Cuántas patas tiene? _____

   ¿Qué come? _____

   ¿Se mueve lentamente o rápidamente?

   _____

2.

   ¿Qué animal es? _____

   ¿Es grande o pequeño? _____

   ¿Cuántas patas tiene? _____

   ¿Qué come? _____

   ¿Se mueve lentamente o rápidamente?

   _____

B. Clasifica.

| el cocodrilo | el pingüino | el hámster | el pájaro |
| la llama | el perro | el gato | el mono |

Viven en mi comunidad	No viven en mi comunidad
	la llama

Nombre _____ Fecha _____

Escoge. Encierra en un círculo la opción correcta.

1. ¿Qué animal es?

   a. conejo

   b. hámster

   c. loro

   d. gato

2. La tortuga es _____.

   a. rápida

   b. lenta

   c. suave

   d. grande

3. La vaca come _____.

   a. semillas

   b. pasto

   c. carne

   d. pescado

4. El pez _____.

   a. corre

   b. camina

   c. nada

   d. vuela

5. La rana tiene _____.

    a. plumas

    b. pelo

    c. dos alas

    d. cuatro patas

6. _____ es un animal salvaje.

    a. El hámster

    b. El perro

    c. La vaca

    d. El cocodrilo

7. Yo me _____.

    a. muevo

    b. mueven

    c. mueve

    d. movemos

8. _____ se mueve lentamente.

    a. El pájaro

    b. El mono

    c. La tortuga

    d. El delfín

Nombre _____ Fecha _____

● Lee las pistas. Completa el crucigrama.

> dientes   cabello   cuerpo   cuidan
>
> lavan   ponen   cara   ropa

1. Los brazos y las piernas son partes del _____.

2. Los niños _____ sus cuerpos.

3. Los niños se _____ la cara y los dientes antes
   de ir a bailar al teatro.

4. Los niños se peinan el _____.

5. La nariz y los ojos son partes de la _____.

6. Sofía se lava los _____.

● 7. Ellos se _____ su ropa y sus zapatos para
   ir al teatro.

8. Los niños se ponen la _____.

Nombre _____ Fecha _____

A. Une.

1. Daniel se pone la ropa.

2. Sofía se lava los dientes.

3. Daniel se lava la cara.

4. Daniel se peina el cabello.

5. Sofía se pone los zapatos.

B. Mira el dibujo. Completa.

cabello   dientes   oreja   nariz   ojo   boca   cara

____cara____

_____

_____

_____

_____

_____

_____

Nombre _____ Fecha _____

A. Dibuja. Escribe las partes del cuerpo.

| pierna | brazo | mano | pie |

brazo

B. Encierra en un círculo las palabras que completan la oración.

Para proteger mi cuerpo yo me pongo...

una camisa.   un vestido.   un pantalón.

una blusa.   una falda.   unos zapatos.

C. ¿Cómo cuidas tu cuerpo? Completa.

1. Primero, yo _____.

2. Después, yo _____.

3. Por último, yo _____.

Nombre _____ Fecha _____

▶ Busca las palabras. Encierra las palabras en un círculo.

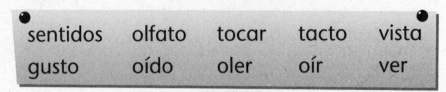

sentidos	olfato	tocar	tacto	vista
gusto	oído	oler	oír	ver

```
s   e   n   í   r   l   o   d   o   f
t   v   e   o   l   f   a   í   r   a
a   s   t   o   c   a   r   t   i   c
v   e   v   e   r   o   e   í   r   t
e   n   q   t   s   v   r   g   e   í
s   t   s   r   o   i   t   u   g   d
t   i   o   í   r   s   a   s   u   o
i   d   n   r   t   t   c   t   s   l
n   o   o   l   f   a   t   o   l   e
f   s   y   o   í   d   o   d   o   r
```

Nombre _____ Fecha _____

● Encierra en un círculo la palabra correcta.

1.  El escritorio se ve (arreglado / desarreglado).

2.  La guitarra se oye (afinada / desafinada).

3.  El señor se ve (peinado / despeinado).

4.  El dormitorio se ve (arreglado / desarreglado).

● Escoge. Completa las oraciones.

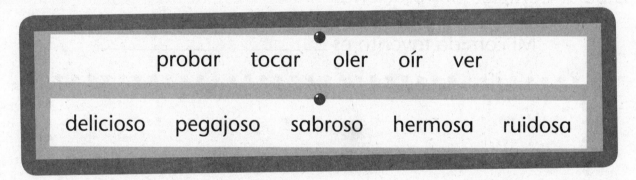

probar   tocar   oler   oír   ver

delicioso   pegajoso   sabroso   hermosa   ruidosa

1. Con mi boca puedo __probar__ un alimento __sabroso__.

2. Con mi nariz puedo _____ un olor _____.

3. Con mis ojos puedo _____ una foto _____.

4. Con mis manos puedo _____ un dulce _____.

● 5. Con mis oídos puedo _____ una música _____.

Nombre _____ Fecha _____

A. Clasifica.

> helado   arroz   agua   hielo
> carne   jugo   sopa   café

Se siente frío.	Se siente caliente.
helado	

B. Dibuja. Completa las oraciones.

Mi comida favorita es _____.

La comida sabe _____.

La comida se siente _____.

La comida huele _____.

Nombre _____ Fecha _____

● Ordena las letras. Completa el menú.

| verduras | comer | arroz | carne | gusta | pollo | beber |

Menú

Para ___comer___ :

mreco

_____

racen

pescado

_____

lolop

_____

dervasur

sopa

_____

orzra

Para _____ :

rebeb

jugo

café

Restaurante

"Me _____."

tusag

Nombre _____ Fecha _____

A. Mira los dibujos. Escribe los nombres.

cuchara   plato   cuchillo   servilleta   vaso   tenedor

servilleta   _____   _____

_____   _____   _____

B. Escoge. Encierra en un círculo la opción correcta.

1.  (pollo) / pescado

2.  frutas / verduras

3.  papas fritas / arroz

4.  helado / pastel

Nombre _____ Fecha _____

● Clasifica.

| papas fritas | verduras | pescado | helado | frutas |
| pastel | pollo | arroz | carne | sopa |

Me gusta comer...	No me gusta comer...
frutas	

B. Escoge la oración correcta.

1.
☐ Simón pone en la mesa un tenedor, un plato y un cuchillo.
☒ Simón pone en la mesa una cuchara, un plato y un vaso.

2.
☐ Laura pone en la mesa una servilleta, un plato y un tenedor.
☐ Laura pone en la mesa una servilleta, un tenedor y un cuchillo.

3.
☐ Papá pone en la mesa una servilleta, un vaso y un tenedor.
☐ Papá pone en la mesa una servilleta, un vaso y un cuchillo.

Nombre _____ Fecha _____

▶ Busca las palabras. Encierra las palabras en un círculo.

saludables	alimentos	temprano	hábitos
tarjeta	dormir	comer	lavar

Correo Electrónico

De: tomás@micomunidad.com   Enviar

Para: anna@micasa.com   Asunto: Verdana ▾ 10 ▾ N K S

Mis carpetas

Bandeja de entrada
Bandeja de salida
Elementos enviados
Elementos eliminados
Correo no deseado

n o l j l r s p r h
n e a j c r e o o á
a á v u o t a s o b
n p a m m l a b t i
t a r j e t a m o t
t e m p r a n o m o
s a l u d a b l e s
l i u e b o e a e v
a l i m e n t o s r
d o r m i r r o p s

Nombre _____ Fecha _____

A. Lee. Encierra en un círculo la palabra correcta.

1. Ellos se (lavan / lavamos) las manos.

2. Tú te (lavas / lavo).

3. Nosotros nos (lavo / lavamos) los dientes.

4. Yo me (lavas / lavo) las orejas.

5. Él se (lavas / lava) las manos.

B. Completa las oraciones.

cuidamos   cuidan   cuidas   cuido   cuida

1. La mamá de Daniel ___cuida___ su salud.

2. Yo _____ mi salud.

3. Nosotros _____ nuestra salud.

4. Tú _____ tu salud.

5. Ana y Charlie _____ su salud.

C. Completa.

1. Para cuidar mi salud, yo _____.

2. Para estar sanos, nosotros _____.

Nombre _____ Fecha _____

A. Completa las oraciones.

| la cabeza   el brazo   la mano   la pierna |

1. ¿Qué te duele? Me duele ___la cabeza___.

2. ¿Qué te duele? Me duele _____.

3. ¿Qué te duele? Me duele _____.

4. ¿Qué te duele? Me duele _____.

B. Lee. Completa las oraciones.

| lavarme   dormir   comer   cuidar |

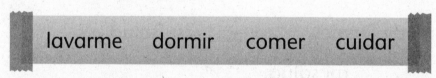

Para estar saludable...
debo _____ temprano.
debo _____ los dientes.
debo _____ alimentos saludables.
debo _____ mi salud.

Descubre el español con Santillana C © Santillana USA

Nombre _____ Fecha _____

● Escoge. Encierra en un círculo la opción correcta.

1. Daniel y Sofía se peinan _____.
   a. los dientes
   b. la cara
   c. el cabello
   d. los zapatos

2. Estos son mis _____.

   a. dientes
   b. ojos
   c. orejas
   d. piernas

● 3. Yo puedo _____ con mi nariz.
   a. ver
   b. tocar
   c. oler
   d. oír

4. La niña se ve _____.
   a. peinada
   b. despeinada
   c. arreglada
   d. desafinada

●

5. ¿Qué se siente frío?

    a. la sopa y el hielo

    b. el jugo y la carne

    c. el café y el helado

    d. el hielo y el helado

6. Ésto es…

    a. un cuchillo.

    b. un tenedor.

    c. un plato.

    d. una servilleta.

7. Él se _____ los dientes.

    a. lava

    b. lavas

    c. lavo

    d. lavan

8. Mis amigos _____ su salud.

    a. cuida

    b. cuidan

    c. cuidamos

    d. cuidas

Nombre _____ Fecha _____

● Ordena las letras. Escribe las palabras.

| septiembre | diciembre | noviembre | febrero |
| agosto | junio | marzo | abril |

Los meses del año

enero	**febrero** beroerf	_____ zamro	_____ libra
mayo	_____ iojun	julio	_____ sgotao
_____ mistrebepe	octubre	_____ veiomrenb	_____ icemdreib

Nombre _____ Fecha _____

A. Observa. Completa el calendario y las oraciones.

El calendario de Charlie

| _____ | _____ | _____ | miércoles | _____ | viernes | _____ |

1. Charlie visita el mercado el _____domingo_____ .

2. Charlie visita la ciudad el _____ .

3. Charlie visita el campo el _____ .

4. Charlie visita la playa el _____ .

5. Charlie visita el museo el _____ .

B. Ordena los días de la semana.

miércoles   _____domingo_____

sábado   _____

jueves   _____

martes   _____

domingo   _____

lunes   _____

viernes   _____

● Lee. Escribe el mes en el calendario.

1. En mi comunidad, celebran el Día de la Madre en mayo.
2. En mi comunidad, celebran el carnaval en febrero.
3. En mi comunidad, celebran el Día de la Independencia en julio.
4. En mi comunidad, celebran el festival de música en septiembre.

| _____ | _____ | _____ | _____ |
| carnaval | Día de la Madre | Día de la Independencia | festival de música |

B. Ordena los meses del año.

1. agosto, julio, junio _____junio, julio, agosto_____

2. marzo, mayo, abril _____

3. noviembre, septiembre, octubre _____

4. febrero, enero, diciembre _____

Nombre _____ Fecha _____

▶ Busca las palabras. Encierra las palabras en un círculo.

primavera   invierno   estaciones   verano
tiempo   otoño   frío   calor

e s t a c i o n e s

i n v i e r n o i t

m t l o m r a n f ñ

e s t i ó n t c r i

o ñ r t r v o a í e

m r f i o v e l o v

r v v e r a n o i i

p r i m a v e r a e

i o i p i n i ñ i r

p o t o ñ o p i e p

Nombre _____ Fecha _____

● Escribe *primavera*, *verano*, *otoño* o *invierno*.

1.  ¡Es ___primavera___!

2. 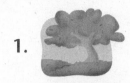 ¡Es _____!

3.  ¡Es _____!

4.  ¡Es _____!

● Une.

1.   Es un día nublado.

2.   Es un día frío.

3.   Es un día lluvioso.

4.   Es un día soleado.

Nombre _____ Fecha _____

A. Observa. Completa la tabla y las oraciones.

lunes   jueves   miércoles   viernes   martes

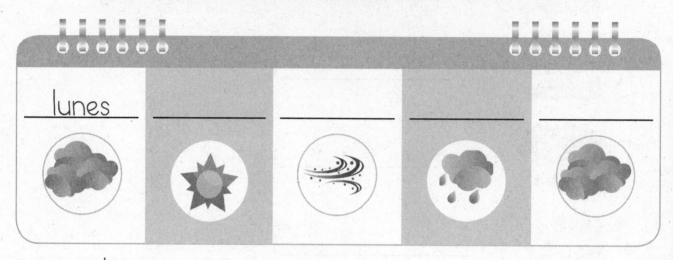

lunes _____ _____ _____ _____

1. El ____lunes____ estará nublado.

2. El _____ estará lluvioso.

3. El _____ estará fresco.

4. El _____ estará nublado.

5. El _____ estará soleado.

B. Escoge. Encierra en un círculo la palabra correcta.

1. En (verano / invierno) hace calor.

2. En (verano / invierno) hace frío.

3. Hoy el tiempo está (soleado / nublado / lluvioso).

4. Hoy el día está (frío / caliente / fresco).

Nombre _____ Fecha _____

● Lee las pistas. Completa el crucigrama.

> bicicleta   montaña   barco   avión
> tren   carro   lagos   bus

1. En verano, María viajó a dos .

2. María viajó por la ciudad en .

3. María viajó a la .

4. María viajó al campo en .

5. María viajó a los lagos en 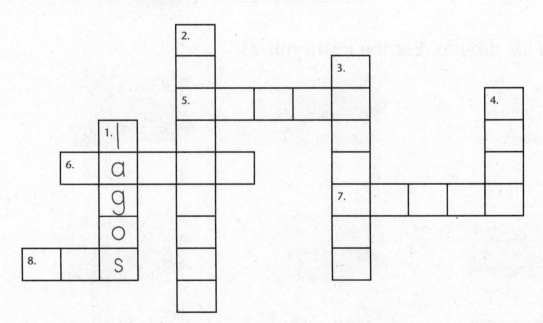 .

● 6. María navegó por el río en .

7. María viajó a la ciudad en .

8. María viajó en .

Descubre el español con Santillana C © Santillana USA

Nombre _____ Fecha _____

A. Observa. Completa las oraciones.

Mis viajes

marzo	abril	mayo	junio	julio	agosto

montaña   ciudad   campo   lago   río   playa

1. En marzo yo viajé a la __montaña__ .

2. En julio yo viajé a la _____ .

3. En abril yo viajé a la _____ .

4. En junio yo viajé al _____ .

5. En mayo yo viajé al _____ .

6. En agosto yo viajé al _____ .

B. Mira los dibujos. Escribe los nombres.

b_____

a_____

t_____

b_____

c_____

b_____

Nombre _____ Fecha _____

● Clasifica.

	Formas de viajar por el	Formas de viajar por el	Formas de viajar por la
bus			X
tren			
avión			
carro			
bicicleta			
barco			

B. Completa las oraciones.

montaña   ciudad   campo   lago   mar   río

bicicleta   barco   carro   avión   tren   bus

1. En primavera, yo quiero viajar al __campo__ en __bicicleta__ .

2. En otoño, yo quiero viajar a la _____ en _____ .

3. En verano, yo quiero navegar por el _____ en _____ .

4. En invierno, yo quiero viajar al _____ en _____ .

Nombre _____ Fecha _____

▶ Busca las palabras. Encierra las palabras en un círculo.

nublado	lluvioso	soleado	tiempo
Uruguay	Ecuador	Bolivia	mapa

EL INFORME DEL TIEMPO

```
l   m   n  (t   i   e   m   p   o)  e
l   p   u   r   u   g   u   a   y   m
u   a   b   o   l   i   v   i   a   p
v   p   l   i   i   m   v   d   o   a
i   a   a   d   o   a   l   l   o   b
o   d   d   b   o   p   o   o   y   o
s   s   o   l   e   a   d   o   l   l
o   d   n   u   b   l   m   p   o   i
l   o   e   u   a   d   o   i   a   v
l   o   e   c   u   a   d   o   r   r
t   i   b   l   v   a   g   u   a   y
```

Nombre _____ Fecha _____

● Observa el mapa. Encierra en un círculo la palabra correcta.

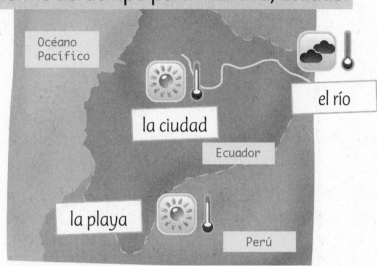

1. En la playa, el día está (lluvioso / soleado).
   Es un día (frío / caluroso).

2. En el río, el día está (nublado / soleado).
   Es un día (frío / caluroso).

3. En la ciudad, el día está (soleado / lluvioso).
   Es un día (frío / caluroso).

B. Completa las oraciones.

| tengo | tiene | tienes | tienen | tenemos |

1. Elisa _____ frío.

2. Mis amigos _____ calor.

3. Tú _____ frío.

4. Carlos, Luis y yo _____ calor.

5. Yo _____ calor.

Nombre _____ Fecha _____

A. Clasifica.

	Meses de frío en mi comunidad	Meses de fresco en mi comunidad	Meses de calor en mi comunidad
enero	enero		
febrero			
marzo			
abril			
mayo			
junio			
julio			
agosto			
septiembre			
octubre			
noviembre			
diciembre			

B. Responde las preguntas.

1. ¿Cuál es tu estación favorita? _____

2. ¿Qué te gusta, el frío o el calor? _____

3. ¿A dónde vas cuando hace frío? _____

4. ¿A dónde vas cuando hace calor? _____

5. ¿Te gusta viajar en avión, en barco, en tren o en carro?

_____

Nombre _____ Fecha _____

 Escoge. Encierra en un círculo la opción correcta.

1. Hoy es sábado. _____ será domingo.

   a. Hoy

   b. Mañana

   c. Ayer

   d. Fue

2. miércoles, _____, viernes

   a. martes

   b. lunes

   c. sábado

   d. jueves

 3. ¡Es !

   a. invierno

   b. primavera

   c. verano

   d. otoño

4. La mañana está...

   a. fresca.

   b. soleada.

   c. lluviosa.

   d. nublada.

5. María viajó en  .
   a. bicicleta
   b. tren
   c. avión
   d. barco

6. Yo quiero navegar por _____ .
   a. la ciudad
   b. la montaña
   c. el campo
   d. el mar

7. El día está y ▮ .
   a. soleado y caluroso
   b. nublado y frío
   c. nublado y caluroso
   d. fresco y caluroso

8. Mis amigos _____ un mapa.
   a. tengo
   b. tenemos
   c. tienen
   d. tienes

Nombre _____ Fecha _____

A. Ordena las letras. Escribe las palabras.

| carnaval | lugares | cámara | fotos | eso | esa |

1. ¿Qué es _____eso_____?
   oes

2. Ésta es una _____.
   armaác

3. Yo la uso para tomar _____.
   otsfo

4. ¿Qué fotos vas a tomar con _____ cámara?
   ase

5. Yo voy a tomar fotos de _____ bonitos de la ciudad.
   sulerga

6. ¡Vamos a tomar fotos del _____ !
   navracla

B. Responde y completa.

1. ¿Es fácil de usar una cámara? _____

2. Uso una cámara para _____.

Nombre _____ Fecha _____

A. Une.

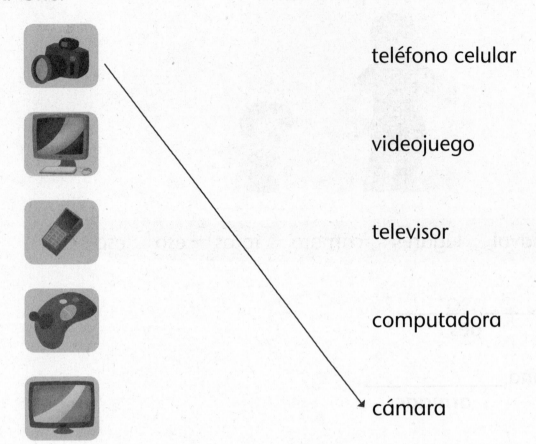

teléfono celular

videojuego

televisor

computadora

cámara

B. Encierra en un círculo la palabra correcta.

1. ¿Qué es (eso / (esto))?

2. ¿Qué es (eso / esto)?

3. ¿Qué es (eso / esto)?

4. ¿Qué es (eso / esto)?

Nombre _____ Fecha _____

A. Completa las oraciones.

| trabajar escribir dibujar hablar comer jugar |

1. Mi papá usa una 🖥 para _trabajar_ .

2. Yo uso un ✏ para _____ .

3. Mi hermano usa un ▱ para _____ .

4. Los niños usan ✏✏ para _____ .

5. Ustedes usan 🍴 para _____ .

6. Tú usas un 🎮 para _____ .

B. Escoge las palabras que completan la oración.

En la escuela yo uso...	[X] crayones. [ ] libros. [ ] un videojuego. [ ] un televisor. [ ] una computadora.
Para jugar, mis amigos usan...	[ ] una computadora. [ ] un celular. [ ] un videojuego. [ ] un televisor. [ ] una cámara.

▶ Busca las palabras. Encierra las palabras en un círculo.

desatender	descuidar	obedecer	maestra
trabajo	atender	cuidar	debes

```
d  e  b  e  s  a  d  e  r  d
o  a  a  r  d  t  e  n  c  e
b  d  o  r  t  e  m  t  e  s
e  t  e  d  r  n  a  a  e  a
d  c  r  e  a  d  e  a  s  t
e  r  j  o  b  e  s  e  c  e
c  u  i  d  a  r  t  s  e  n
e  t  a  s  j  n  r  i  e  d
r  a  a  e  o  e  a  e  i  e
r  d  e  s  c  u  i  d  a  r
```

Nombre _____ Fecha _____

A. Mira los dibujos. Escribe las palabras.

descuidar desarmar deshacer cuidar armar hacer

1.

_____deshacer_____

2.

_____

3.

_____

4.

_____

5.

_____

6.

_____

B. Encierra en un círculo la palabra correcta.

1. El niño no es rápido con la computadora.
   El niño escribe (rápidamente / (lentamente)).

2. La niña no se siente feliz cuando juega el videojuego.
   La niña juega (felizmente / tristemente).

3. La cámara es fácil de usar.
   La cámara se usa (fácilmente / difícilmente).

4. Laura es rápida con la computadora.
   Laura escribe (rápidamente / lentamente).

5. Paco se siente feliz cuando juega el videojuego.
   Paco juega (felizmente / tristemente).

Nombre _____ Fecha _____

A. Mira la gráfica. Escoge la palabra correcta.

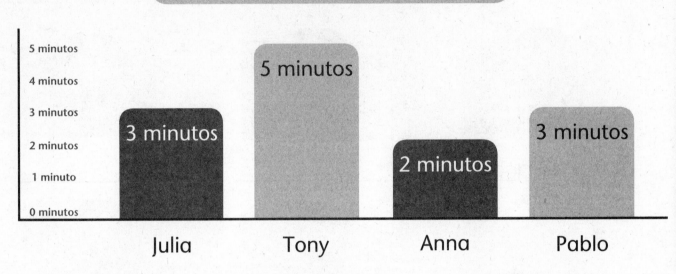

Tiempo en completar un videojuego

1. Julia juega más (**rápidamente** / lentamente) que Anna.

2. Tony juega más (rápidamente / **lentamente**) que Pablo.

3. Anna juega más (**rápidamente** / lentamente) que Tony.

4. Pablo juega más (rápidamente / **lentamente**) que Anna.

B. Escribe *rápida, rápido, lenta* o *lento*.

1. La tortuga es más ___lenta___ que el perro.

2. Tomar fotos con una cámara es más _____ que dibujar con crayones.

3. Caminar es más _____ que correr.

4. El perro es más _____ que la tortuga.

5. Correr es más _____ que caminar.

6. Anna es más _____ que Julia.

Nombre _____ Fecha _____

● Lee las pistas. Completa el crucigrama.

| profesiones | bombero | arquitecto | maestra |
| policía | cartero | médico | |

1. Las personas que trabajan tienen distintas _____.

2. La _____ enseña a los estudiantes.

3. El _____ diseña edificios.

4. El _____ apaga fuegos.

5. La _____ protege la comunidad.

6. El _____ cura a los enfermos.

7. El _____ entrega cartas.

Nombre _____ Fecha _____

A. Completa las oraciones.

| bombero   arquitecto   cartero   policía   maestra   médico |

1. La ___maestra___ enseña a los estudiantes.

2. El _____ diseña edificios.

3. El _____ entrega cartas.

4. La _____ protege la comunidad.

5. El _____ cura a los enfermos.

6. El _____ apaga fuegos.

B. Escoge las palabras que completan la oración.

El arquitecto usa...	[X] una computadora. [ ] un camión. [X] un teléfono celular. [ ] un radio.
La periodista usa...	[ ] una cámara. [ ] un camión. [ ] un teléfono. [ ] una computadora.
La policía usa...	[ ] una cámara. [ ] un carro. [ ] un radio. [ ] una computadora.

Nombre _____ Fecha _____

●Encierra en un círculo la palabra correcta.

1. El arquitecto diseña (edificios / enfermos).

2. El dentista cuida los (dientes / fuegos).

3. La maestra da clases a los (libros / estudiantes).

4. El bombero apaga (enfermos / fuegos).

B. Lee. Responde.

Una buena escritora

La escritora Margarita Peña es puertorriqueña. Ella vive en Puerto Rico. Vive en la ciudad de San Juan.

La Sra. Peña escribe libros para niños. Ella escribió el libro *Profesiones hermosas*, sobre los trabajadores de la comunidad. La Sra. Peña escribe sus libros rápidamente en la computadora.

1. ¿Dónde vive la Sra. Peña? _____

2. ¿Cuál es la profesión de la Sra. Peña? _____

3. ¿Qué libros escribe la Sra. Peña? _____

4. ¿Cómo escribe sus libros la Sra. Peña?

_____

Nombre _____ Fecha _____

▶ Busca las palabras. Encierra las palabras en un círculo.

televisor	aparatos	teléfono	pequeño	grande
ahora	radio	antes	eran	son

a	n	r	r	h	a	n	t	e	s
p	e	a	ñ	t	e	t	n	d	é
a	t	d	p	e	q	u	e	ñ	o
r	e	i	o	l	a	e	s	r	p
a	l	o	r	e	r	a	n	e	e
t	é	q	n	v	a	o	e	t	q
o	f	r	v	i	n	p	n	f	u
s	o	n	e	s	a	h	o	r	a
u	n	n	s	o	r	l	o	d	ñ
a	o	o	g	r	a	n	d	e	u
t	i	b	l	v	a	g	u	a	y

Nombre _____ Fecha _____

Lee. Encierra en un círculo la palabra correcta.

Yo hago la tarea.

Tú haces la tarea.

Nosotros hacemos la tarea.

Él hace el trabajo.

Ellos hacen el trabajo.

Ustedes hacen el trabajo.

1. Pedro y Lourdes (hacemos /(hacen) la tarea en la computadora.

2. Tú y yo (hacemos / haces) la tarea en la computadora.

3. Tú (hago / haces) la tarea en la computadora.

4. Clara (hace / hacen) la tarea en la computadora.

5. Yo (hago / hace) la tarea en la computadora.

B. Escribe *es* o *son*.

1. El teléfono _____ es _____ difícil de usar.

2. Los radios _____ grandes.

3. Las computadoras _____ rápidas.

4. El televisor _____ pequeño.

5. El radio _____ fácil de usar.

Nombre _____ Fecha _____

A. Mira los dibujos. Encierra en un círculo la palabra correcta.

1. Antes, el radio (era)/ eran) grande.

2. Antes, la computadora (era / eran) lenta.

3. Antes, los teléfonos (era / eran) difíciles de usar.

4. Antes, la computadora (era / eran) difícil de usar.

5. Antes, los teléfonos (era / eran) grandes.

6. Antes, el radio (era / eran) difícil de usar.

B. Responde.

1. Antes, las computadoras eran lentas. ¿Cómo son ahora?

   _____

2. Antes, los radios eran grandes. ¿Cómo son ahora?

   _____

3. Antes, los teléfonos eran difíciles de usar. ¿Cómo son ahora?

   _____

Nombre _____ Fecha _____

● Escoge. Encierra en un círculo la opción correcta.

1. ¿Qué es eso?

   a. Eso es un camión.

   b. Eso es un teléfono celular.

   c. Eso es una cámara.

   d. Eso es un televisor.

2. ¿Para que se usa una cámara?

   a. para tomar fotos

   b. para leer

   c. para escribir

   d. para hablar

3. No debes _____ la computadora.

   a. obedecer

   b. descuidar

   c. desobedecer

   d. cuidar

4. La niña es muy rápida con la computadora.
   La niña escribe _____ .

   a. felizmente

   b. rápidamente

   c. lentamente

   d. difícilmente

5. Tony arma el juguete en 5 minutos.

   Pablo arma el juguete en 10 minutos.

   a. Tony es más rápido que Pablo.

   b. Pablo es más rápido que Tony.

   c. Pablo arma el juguete felizmente.

   d. Tony es lento.

6. El _____ apaga fuegos.

   a. cartero

   b. bombero

   c. médico

   d. arquitecto

7. Yo _____ mi trabajo.

   a. hace

   b. hacemos

   c. hacen

   d. hago

8. Antes, las computadoras _____ grandes.

   a. son

   b. era

   c. es

   d. eran

Busca las palabras. Encierra las palabras en un círculo.

cumpleaños   familia   desfile   celebra
quince   fiesta   plaza   foto

m o u ñ a q o l o c
d f o t o a p p t u
c d n t c c f i s m
t e a a p l a z a p
p s o z c l m t l l
o f e m q u i n c e
f i e s t a l e s a
o l f l t l i a l ñ
c e i z b t a q i o
c e l e b r a u c s

Nombre _____ Fecha _____

A. Escoge. Completa las oraciones.

> celebración   hermosa   desfiló   quince   abril   plaza

1. Carolina celebró una fiesta de ___quince___ años.

2. La fiesta de Carolina fue en _____.

3. Carolina celebró su fiesta en la _____.

4. La fiesta de Carolina fue una _____ muy especial.

5. En la fiesta, Carolina _____ con sus amigas.

6. ¡Carolina estaba muy _____!

B. Lee. Encierra en un círculo la palabra correcta.

Amigos:
¡Vengan a la fiesta
de cumpleaños de Nico!

¿Cuándo?   el sábado 17 de julio
¿Dónde?   en el parque
¿A qué hora?   a las 3:00 pm

¡Ven con tu familia!

La ciudad invita a la comunidad a
ver el gran desfile en el parque.
¡El desfile es este domingo!

Fecha: 6 de noviembre
Hora: 10:00 am
Lugar: parque central

¡Participa en la celebración!

1. Se va a celebrar el desfile el (sábado / domingo).

2. Nico celebra su cumpleaños en el mes de (julio / noviembre).

3. Nico va a celebrar su cumpleaños en (el parque / la plaza).

4. (La familia de Nico / La ciudad) invita a la comunidad al desfile.

5. El desfile es (por la mañana / por la tarde).

Nombre _____ Fecha _____

Une.

1. El papá de Laura celebró

   su cumpleaños en   la heladería.

2. Carolina celebró

   su cumpleaños en    la plaza.

3. El hermano de Laura celebró

   su cumpleaños en   la casa.

4. La mamá de Laura celebró

   su cumpleaños en   el restaurante.

5. Laura celebró

   su cumpleaños en    el parque.

B. Responde.

1. ¿Cuándo es tu cumpleaños?

   _____

2. ¿En qué lugar vas a celebrar tu cumpleaños?

   _____

Nombre _____ Fecha _____

▶ Lee las pistas. Completa el crucigrama.

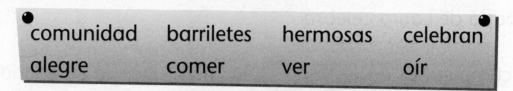

comunidad   barriletes   hermosas   celebran
alegre   comer   ver   oír

1. Hay muchas cosas _____ en la celebración.

2. A Ana le gusta _____ la música.

3. ¡Es una celebración muy _____!

4. A Charlie le gusta _____ la comida.

5. En Guatemala las personas _____ el Día de los Muertos.

6. El Día de los Muertos es una celebración importante en la

   _____.

7. ¡Los _____ que vuelan son muy hermosos!

8. A Laura le gusta _____ el baile.

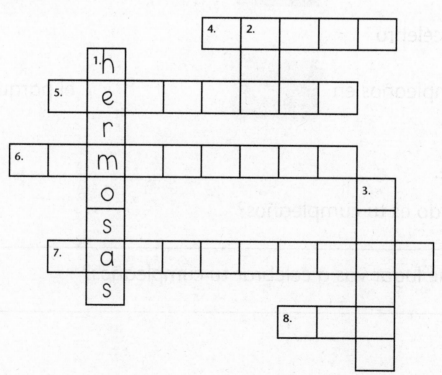

Descubre el español con Santillana C © Santillana USA

Nombre _____ Fecha _____

A. Escribe las oraciones.

| Me gusta | beber comer oír ver | música. barriletes. comida. jugo. |

_____ Me gusta beber jugo. _____

_____

_____

_____

B. Completa las oraciones.

| podemos pueden puedes puedo |

1. En la fiesta, mis hermanas ____pueden____ comer comida sabrosa.

2. En la fiesta, nosotros _____ celebrar con los amigos.

3. En la fiesta, yo _____ beber jugos.

4. En la fiesta, tú _____ disfrutar la música.

Nombre _____ Fecha _____

A. Lee las instrucciones. Colorea el barrilete.

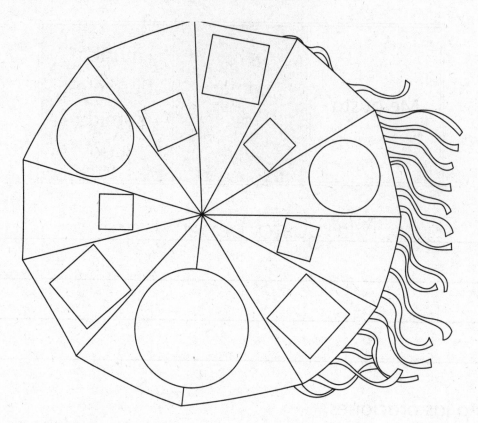

1. Colorea tres de amarillo.

2. Colorea dos ● de rojo.

3. Colorea cuatro ▲ de azul.

4. Colorea un ■ de azul.

5. Colorea dos ■ de rojo.

B. Escribe *círculo*, *triángulo* o *cuadrado*.

1.   2.   3.

_____   _____   _____

Nombre _____ Fecha _____

A. Ordena las letras. Escribe las palabras.

Independencia	banderas	desfilan	cantan	país

1. El 15 de septiembre es el Día de la <u>Independencia</u>
   en Guatemala.   pcenediniedan

2. Para celebrar, las personas _____ por la calle.
   fesadlin

3. Los niños _____ canciones hermosas.
   tananc

4. Las personas también llevan _____ de Guatemala.
   erdasnab

5. ¡Es un día muy importante para el _____ !
   ípsa

B. Responde.

1. ¿Desfilan las personas para celebrar el Día de la Independencia
   en tu país?

   _____

2. ¿Llevan banderas para celebrar el Día de la Independencia
   en tu país?

   _____

3. ¿Qué más hacen para celebrar el Día de la Independencia
   en tu país?

   _____

Nombre _____ Fecha _____

Oraciones declarativas	Oraciones interrogativas
El Día de la Independencia se celebra el 15 de septiembre.	¿Te gusta celebrar el Día de la Independencia?

Oraciones exclamativas

¡Qué divertido es celebrar!

A. Lee. Encierra en un (círculo) las oraciones declarativas.
Subraya las oraciones exclamativas.

—¿A dónde vas?

—(Voy a la plaza a ver el desfile.)

—¡Me gusta ver las celebraciones!

—Voy con mi familia.

—¿Ves a los niños que cantan en la plaza?

—Sí, cantan música hermosa.

—¿A ti te gusta cantar?

—¡Sí, me gusta mucho cantar!

B. Completa. Escribe el signo de puntuación.

1. ¡Me gusta celebrar con mis amigos ☐

2. La bandera de Guatemala es azul y blanca ☐

3. ☐ Quieres ir a la plaza ☐

4. ☐ La música es hermosa ☐

Descubre el español con Santillana C © Santillana USA

Nombre _____ Fecha _____

● Lee. Completa las oraciones.

Celebraciones del Día de la Independencia

País	Forma de celebrar
Guatemala	Las personas llevan banderas azules y blancas y cantan canciones.
México	Las personas comen comida especial y hay fiestas y música.
Uruguay	Hay juegos para los niños y bailes para todos.
Bolivia	Las personas llevan ropa especial y hay ferias en los pueblos.

● 1. ¿Cómo se celebra el Día de la Independencia en Guatemala?
   Las personas _____ banderas azules y blancas.

2. ¿Cómo se celebra el Día de la Independencia en Uruguay?
   Hay _____ para los niños.

3. ¿Cómo se celebra el Día de la Independencia en Bolivia?
   Las personas llevan _____ especial.

4. ¿Cómo se celebra el Día de la Independencia en México?
   Las personas comen _____ especial.

B. Responde.

1. ¿Cómo celebras el Día de la Independencia en tu país?
   _____

2. ¿Cómo celebras otras fiestas?
   _____

Nombre _____ Fecha _____

▶ Busca las palabras. Encierra las palabras en un círculo.

muñequitas	anuncio	quetzal	regalo
hechas	precio	mano	cariño

o a m q p r e c i o

h n p u i z l c e o

m u ñ e q u i t a s

o n l t h n u a s e

z c z z e ñ i q s h

c i r a c a r i ñ e

a o e l h n r e z n

r r e g a l o c i r

i u a u s a c n z r

ñ q g u s p m a n o

o i b l v a g u a y

Nombre _____ Fecha _____

Encierra en un círculo la palabra correcta.

1. Ayer yo (celebré / celebro) el Día del Cariño.

2. Mañana yo (celebré / celebraré) el Día de la Independencia.

3. Hoy yo (celebré/celebro) mi cumpleaños.

B. Escribe *Ayer, Hoy* o *Mañana.*

1. _____Hoy_____ mis amigos celebran una fiesta.

2. _____ celebraron el Día de la Independencia.

3. _____ celebrarán una fiesta en la plaza.

4. _____ celebramos el baile.

C. Completa las oraciones.

1. Ayer mis amigos _____.

2. Mañana yo _____.

Nombre _____ Fecha _____

A. Lee la tabla. Escribe *Sí* o *No*.

Celebraciones de Guatemala

¿Qué se celebra?	¿Cuándo se celebra?	¿Cómo se celebra?
Día de los Muertos	1 de noviembre	Se celebra decorando barriletes.
Día de la Independencia	15 de septiembre	Se celebra cantando canciones.
Día del Cariño	14 de febrero	Se celebra regalando corazones.

1. El Día del Cariño se celebra el 15 de septiembre. __No__

2. El Día de la Independencia se celebra el 14 de febrero. _____

3. El Día de los Muertos se celebra el 1 de noviembre. _____

B. Completa. ¿Cómo se celebra?

1. El Día de los Muertos se celebra _decorando barriletes_ .

2. El Día de la Independencia se celebra _____.

3. El Día del Cariño se celebra _____.

C. Responde.

1. ¿Cuál es tu celebración favorita? _____.

2. ¿Cuándo se celebra? _____.

3. ¿Cómo celebran tú y tus amigos? _____

Nombre _____ Fecha _____

● Escoge. Encierra en un círculo la opción correcta.

1. Una fiesta de quince años es...

   a. un desfile en el parque.

   b. un viaje a la playa.

   c. una celebración de cumpleaños.

   d. un grupo de personas.

2. Laura celebró su cumpleaños en...

   a. el parque.

   b. la plaza.

   c. la casa.

   d. el restaurante.

● 3. En la fiesta yo _____ disfrutar.

   a. puedo

   b. puedes

   c. pueden

   d. podemos

4. ¿Dónde celebrarán la fiesta?

   a. en enero

   b. con mis amigos

   c. cantando canciones

   d. en el parque

5. Para celebrar el Día de la Independencia, los niños _____ banderas.

   a. bailan

   b. disfrutan

   c. comen

   d. llevan

6. ¡A mí me gustan _____

   a. las fiestas!

   b. las fiestas.

   c. las fiestas?

   d. las fiestas

7. Mañana yo _____ el Día del Cariño.

   a. celebra

   b. celebraré

   c. celebré

   d. celebrar

8. Las celebraciones son _____.

   a. divertido

   b. divertida

   c. divertidos

   d. divertidas

Descubre el español con Santillana C © Santillana USA

Hojas de actividad

Nombre: _____   Fecha: _____

Nombre: _____ Fecha: _____

Descubre el español con Santillana C © Santillana USA

Nombre: _____ Fecha: _____

Hoja de actividad 3   **Tabla de 4 columnas**

Nombre: _____ Fecha: _____

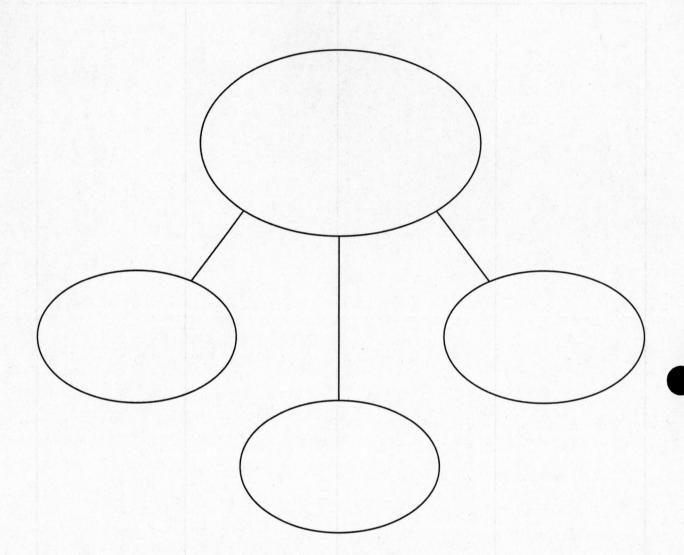

Nombre: _____ Fecha: _____

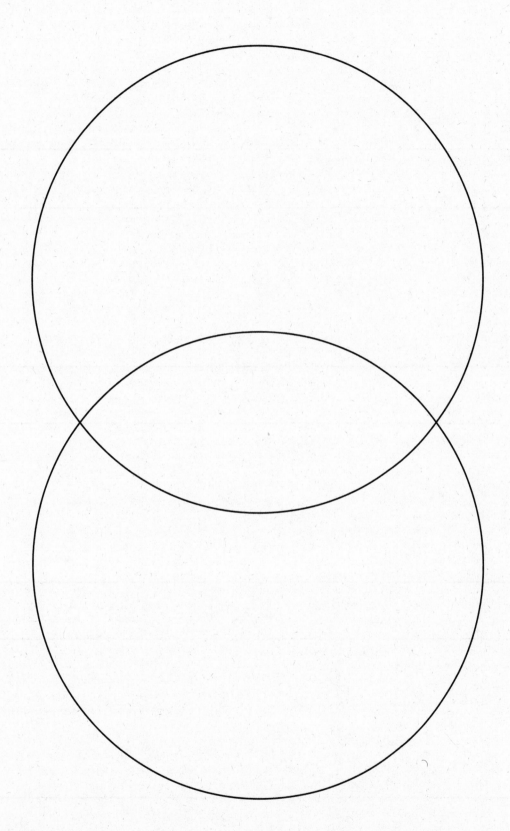

Nombre: _____   Fecha: _____

Descubre el español con Santillana C © Santillana USA

Nombre: _____ Fecha: _____

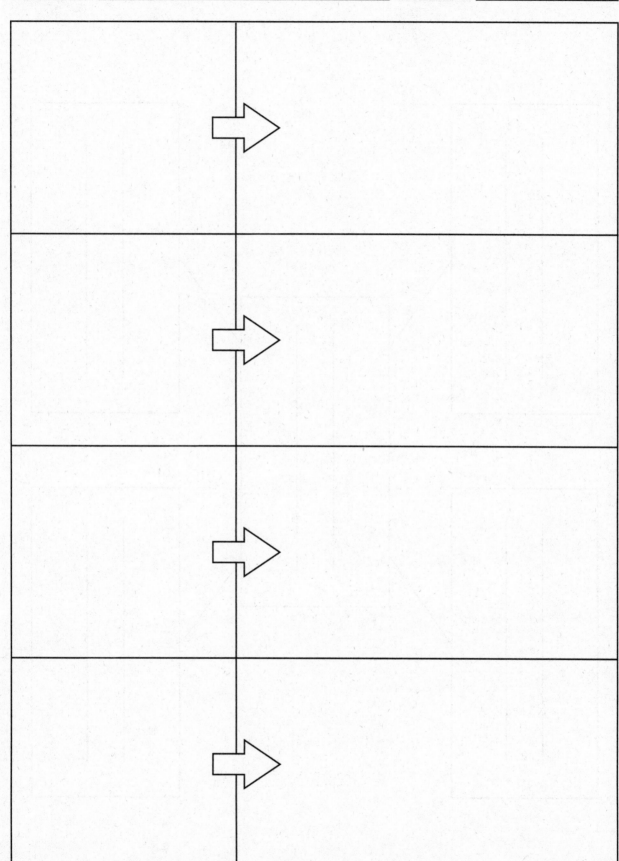

Nombre: _____   Fecha: _____

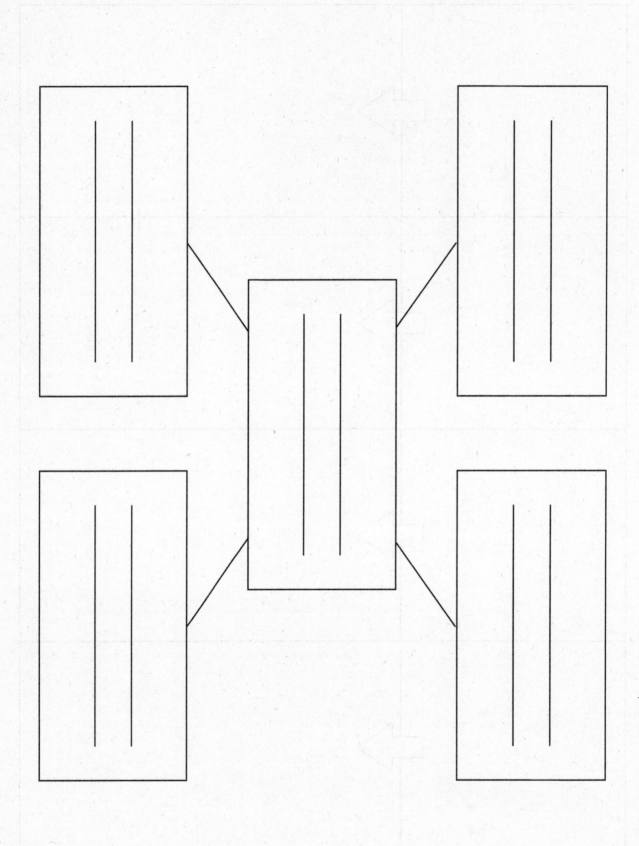

Descubre el español con Santillana C © Santillana USA

Nombre: _____ Fecha: _____

Araña

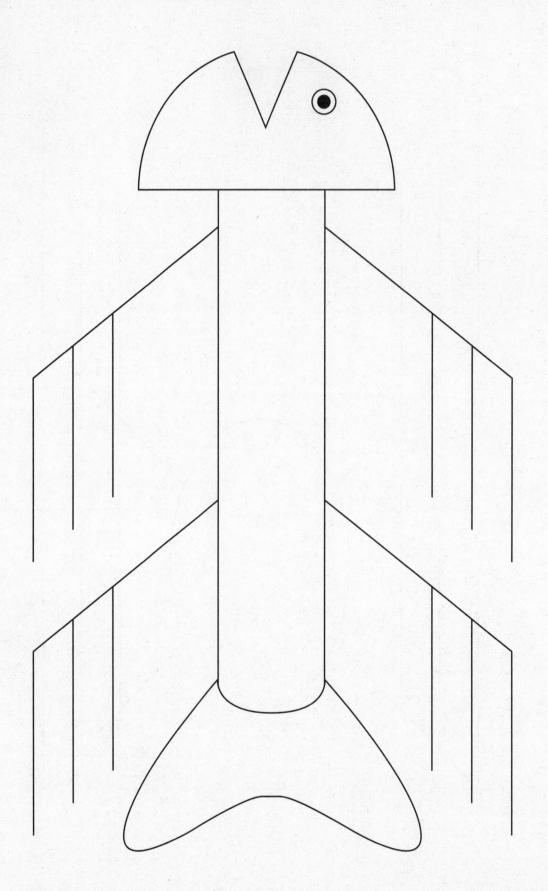

Descubre el español con Santillana C © Santillana USA

Espina